AF509642

Declaration des

Triumphantz honneur et Recoeul faictz a
la maieste Imperialle a sa ioyeuse et pre‑
miere entree / Ensemble aux Illustres
princes de France Messieurs le
Daulphin et duc Dorleans en
la cite et duche de Cambray
En lan de grace mil cinq
cetz L.xxxix. ou moys
de Januier le. xxe.
Jour dudict
moys.

Cum priuilegio

Reuerendissimi Domini Nostri Cameracen.

Imprimez a Cambray par Bonauenture
brassart Libraire demourant a la rue Ta‑
ueau.

AU nõ de Dieu

Le pere eternel Roy des roys Saul/
ueur de tout le monde: Et de la glo/
rieuse Vierge Marie tresoriere de
grace a nous amplement dispensee
trop plus que nauons merite: Pour
perpetuelle memoire de la tresdesi/
ree paix/accord/vnion et tresadmirable confederation na/
gaires par linspiration du benoist sainct esperit plus q̃ par
propre mouuement ou pouoir dhomme mortel conceupte/
traictee ꝛ confermee par et entre la tressacree maieste impe
riale Charles cinquiesme dĕ ce nom Empereur de Rõme
Roy des Espaignes trescatholicque/ et le treschrestien Roy
de france francois premier de ce nom/moyẽnant laquelle
paix iceulx bons princes sont deuenus en la promptitude/
facilite ꝛ bon vouloir de soy cõmunicquer ꝛ visiter les pays
lung de laustre. Et signãment ladicte sacree maieste de libe
tant ceste annee soy decliner de ses pays Despaigne aux
pays de sadicte maieste passant soubz admirable confidẽce
dudict Roy treschrestien son beau frere parmy et du long le
royaulme de frãce. Ce present traicte et petit discours en
stil vulgaire humble ꝛ familier est compile des triumphãs
honneurs ꝛ recueil faictz en lan de grace Mil cinq cens et
trenteneuf a ladicte maieste passant par la ville/cite et du/
che de Cambray nõmee et a bon droict Chambre de paix
et de concorde ou tant de si beaulx et louables traictez ꝛ ac/
coõdz se sont par cy deuant faictz entre les princes Et lassle
cite est propremen' imperiale: Combien que icelle auec la
conte de Cambresis soit perpetuellemẽt admortie a leglise

A ij

et vsance de leuesque du lieu ⁊ du tout têps obseruant neu
tralite en icelle cite et ducße a sa premiere entree et ioyeuse
aduenue comme sensieuft.

Premier
Est a noter que le Reuerendissime
illustre prince ⁊ seigneur monsieur
Robert de croy euesque ⁊ duc dudict Câbray conte de Câ
bresis et prince du sainct empire estant aduerty dudict pro
posé voyage de ladicte maieste laquelle passant côme dict
est deuoit arriuer a Paris au premier iour de Januier en
cedict an. Se delibera auec laduis des estatz de ladicte cite
soy trouuer ausdictz lieu et iour côme il feit par deuers la
dicte maieste pour entendre sil plairoit a icelle maieste dres
ser son chemin par ladicte cite affin de soy pouoir preparer
ausdictz recoeul ⁊ hôneur. Et illec ledict seigneur Reueren
dissime acompaignie entre aultres desdictz estatz de reue
rend pere ⁊ venerables seigneurs messieurs Claude abbe
de fremy/maistres Gery balicque docteur en saincte theo
logie/Michel bruneau chanones/Pierre bricquet docteur
es loix lung des conseilliers/Hierosme danneulx escuyer
lung des escheuins de ladicte ville ⁊ cite de Cambray/Ro
bert de douurin aussi lung de ses maistres dhostel et plu
sieurs aultres gentilz hômes de sa maison/eut sur ce ⁊ des
sus propos auec ladicte maieste : Laquelle par sa benignite
acoustumee ⁊ digne courtoysie luy feit responce et promesse
de passer par ladicte cite desirant bien veoir vne fois icelle
clef de son empire et renommee chambre de la paix Et que
neantmoins ne desiroit pour sa personne estre faictes gran
des pompes ne despens a la cite: mais trop bien que fust fai
cte le plus dhonneur et recoeul quon pourroit aux illustres
princes de france messieurs le Daulphin ⁊ duc Dorleans

auec leur noble comitiue qui illec acompaignerent sadicte
maieste.

Depuis Ledict seigneur reuerēdissime ꝯ aul
tres susdictz retournez et les prepa
ratoires soubz declarez faitz en ladicte cite: ladicte maieste
arriuee en la ville de sainct Quētin partit dillec tirāt vers
ladicte cite de Cambray le mardy.xxe. de Januier audict
an qui fut iour beau/doulx et serein/la ou parauant faisoit
nebuleux/ord ꝯ pluyeulx Et fut conuoye lieue ꝯ dempe au
dehors de ladicte ville de sainct Quentin par ledict roy tres
chrestien ꝯ sa tresillustre cōthorasse ꝯ espouse la royne soeur
de ladicte maieste/ la ou fut prins conge tresampablement
lung de laultre Puis ladicte maieste acompaignie de mes
dictz seigneurs le Daulphin et duc Dorleās vint disner en
labbaye du mont sainct Martin qui est a quatre lieues
pres de Cambray.

Item Apres disner partit ladicte maieste dudict
mont sainct Martin acompaigne desdictz
princes le Daulphin ꝯ duc Dorleans auec lesquelz estoiēt
le cardinal de Chastillon/le connestable de france/le duc
de Vendosmois ꝯ plusieurs aultres grās princes maistres/
et seigneurs de france. Semblablement ꝯ du coste de ladi
cte maieste oultre les grans maistres cōme le duc Dalue
monsieur de grandvelle vicechancellier/ monsieur de bous
sut grant escuyer/leuesque Darras et aultres venus Des
paigne auec icelle maieste estoient illec venus au deuant de
sesdictz bas pays monsieur le duc Daeschoct/ monsieur le
grand maistre conte du Roeulx/ monsieur de Praet/ mon
sieur de Lallaing cheualier de lordre ꝯ la thoison ꝯ mōsieur

A. iiij

de Courrieres cappitaine des archiers de la garde dicelle
maieste auec grant partie dicelle garde ꝗ aultres plusieurs
en tresgrant nombre. Et ainsi que ladicte maieste appro/
choit ladicte cite/ sortit dicelle allant au deuant la compai/
gnie et ordre qui sensieult.

Et premiers
En obmettant mostres de
gens belliqueux telz ꝗ hac
quebutiers/picquenars/hallebardiers ꝛc. comme on auoit
faict ailleurs ains employant seulement gens et signes de
paix ꝗ amour/comencherent a marchier en bel arroy enui/
ron les quatre heures apres nonne monsieur le baillif de
Cambresis nome Adam desne escuyer seigneur de Bethe
concourt acompaigne de ses homes cottiers et feodaulx a/
uec leurs sieultes qui estoient en tresgrant nombre tous a
cheual ꝗ bien en ordre Et allerent iusques lendroit de Cre/
uecoeur qui est a deux petites lieues de Cambray/la ou ar
riuant a ladicte maieste ledict baillif feit a icelle en tel hon/
neur et reuerence quil appartenoit salutation et harengue
succincte et compendieuse/ dont sensieult tresbonne et gra/
cieuse response.

Tantost
Apres marchoit mosieur le chastel
lain du chastel en cambresis chief
lieu de ladicte conte nome Robert dasonuille escuyer acom
paigne de messieurs les Escheuins dudict lieu auec tous
leurs sergeans ꝗ officiers ꝗ estoient en tresbon nombre tous
a cheual bien motez ꝗ acoustrez des robbes neufues deschi/
uinage de couleur brunsorre auec larges bedes de velours
noir lesquelz feirent a ladicte maieste fort belle et succincte
harengue par lorgane de humble homme Jehan de marti/

gny aage de quatre vingtz z cinq ans premier et aisnee des
dictz escheuins. Et est a noter pour singularite que luy des
cendu du cheual z pied a terre eut fait ladicte harengue non
sachant par debilite et anciennete facillement remonter a
cheual/ladicte maieste par sa courtoysie dit. Mettez sus ce
bon anchien homme la/et personne ne se parte tant quil soit
monte a cheual: a quoy tantost semployerent plusieurs de
ceulx qui estoient a lentour de ladicte maieste.

Apres Marchoient en tres bel ordre/arroy z no
table grauite messieurs de la court espi
rituelle dudict Cambray tous a cheual bien montez z vestus
en robe longue fourre de noir: auec lesquelz estoient les he
rault/secretaires/escuyers/gentilz homes/officiers z serui
teurs domesticques dudict seigneur reuerendissime qui es
toient en gros nombre puissammet montez et richement a
coustrez. Si procedoiet les quatre massiers de ladicte court
espirituelle auec leurs masses dargent/z apres marchoient
lofficial z les vicaires generaulx conseilliers dudict seignr
que sieuoiet lesdictz domesticques de monsieur deux z deux/
puis les doyens de chrestiente/consequemment tous greffiers
promoteurs/officiers/aduocatz/commissaires/procureurs/
notaires z solliciteurs auec leurs seruiteurs qui estoiet tres
grand nombre z furet iusques au bout des faulx bourgz ou
ledict seigneur Official feit a la maieste tresbelle/elegante
et copendieuse harengue qui fut a icelle maieste fort agrea
ble z merita bonne response.

En apres marchoient messieurs de la ville
et chambre de paix dudict Cam
bray: Assauoir les preuost/esche

uine/conseilliers/correcteurs/et quatre hommes vestus de
neufues robbes descheuinaiges de couleur noir et fourrees
de martres acompaignez des tous aultres grans ⁊ petis of
ficiers : côme huyssiers/sergeans/greffiers/receueurs/ pro
cureurs et practiciens dont procedoient lesdictz sergeans /
messagiers et officiers quon dict des petitz drapz/et douze
trompettes aussi de ladicte cite tous portâs neufues robbes
de diuise assauoir de noir et rouge Et estans tous a cheual
en tresgrand nombre bel ordre ⁊ fort bien montez Et allerêt
enuiron vng quart de lieue la ou le dessus nomme maistre
Pierre bricquet feit semblables salutation ⁊ harengue. Et
lors furent par mondit seigneur le preuost nôme Guillau
me de buyssy escuyer presentees les clefz de la cite a ladicte
maieste : laquelle par sa courtoisie les represanta a môsieur
le Daulphin qui les rendit ausdictz seigneurs de la ville.
Et ladicte maieste dôna bonne ⁊ gracieuse response referât
par expres chascune salutation et harêgue quon luy faisoit
a lhonneur desdictz princes de france illec presens. Et lors
cômencerent lesdictz douze trompettes a sonner tresmelo
dieusemêt sans cesser en precedant ladicte maieste iusques
le palais episcopal.

Apres Lesquelz suyuoit finablement la proces
sion des eglises qui estoit tant longue ql
le se protendoit quasi depuis leglise cathedralle iusques au
pres de la porte de sainct George precedans les croix et re
licques auec les religions et eglises parrochialles iusques
pres de ladicte porte. Et ce pendant ledict seigneur Reueren
dissime auec huict abbez qui estoient sainct Aulbert/sainct
Sepulcre/Cantimpret/sainct Andrieu/ de femy/Warroil
les/Daulcelles ⁊ arronuaise et les trois eglises chanonial

les demourerent establis en ordre processionaire depuis le
grand portal de la grande eglise iusques enuiron le coing
de sainct Aubert attendans illec ladicte maieste estans les
dict reuerendissime lors en aornemens pontificaulx fort ri
ches et precieulx aussi lesdictz abbez selon leur prelature et
tous autres en cappes de drap dor et de soye tressumptueu
ses le nõbre desquelz auec tous lesdictz aultres estoit pour
le moins de cinq centz hommes deglise.

Or est il que des que la maieste approcha labil
le de enuiron vne lieue cõmencerent a son
net toutes les cloches de la ville iusques quil il fut arriue
et lors fut cesse quelq espace. Et desdictes cloches par tout
doulcement armonise quon dit batteler qui estoit chose fort
plaisante et melodieuse. Si entra ladicte maieste auec sadi
cte tresnoble comitiue en ladicte cite ledit iour enuiron cinq
heures et demie du soir par ladicte porte sainct George dõt
la chaussee au dehors iusques la fin des faulxbourgs auoit
este bien reparee et pour le conseruer en nettete fermee des
barrieres par quinze iours precedans/ et pareillemẽt estoit
ainsi fait aux chaussees des rues de ladicte ville. Et au des
sus de lentree de ladicte porte estoient belles et grandes ar
moiries desdictz princes enuironnees de verdures et chap
peaulx de triumphes a lanticques.

Item Depuis ladicte porte iusques au palais
episcopal pres de leglise de nostre dame ou
ladicte maieste alla descendre auoit luminaire de flam
beaulx continuelz et tant druz que de trois a quatre piedz
pres lung de lautre aux deux rengz des rues et passages et
en plusieurs lieux et rues doubles asscauoir hault et bas

B

establis sur estaches de boys proprement a ce faictes qui
estoient en nôbre et de compte faict sept mil cinq centz flam
beaulx en sorte que en ceste dicte heure ia fort obscure pour
la nuyct faisoit par tout aussi cler que a my iour en plain
este. y auoit aussi par tout dung coste et daultre du passage
belles bailles et fiches pour diuiser la presse du populaire
dudict passage des princes et seigneurs esquelles bailles tra
uers le marchie et autres places spacieuses estoient fiches
flambeaulx comme dessus.

Tantost apres que ladicte maieste fut entree
en ladicte porteboyant ladicte noble
procession des eglises parochialles et religions a icelles et
signamment aux dignes croix et sainctes relicques prece/
dans ladicte sacree maieste feit treshumble reuerence. Et
lors luy fut presente vng bien riche passe ou ciel seql estoit
de damas changeant a grans fleurs fourny en plusieurs
lieux par dessoubz a a lentour des gontiers des doubles bô
nes auec le collet de deuise de ladicte maieste Plus oultre/
richement esleuez de broderie de fil dor et dargent quil refu
sadu premier acces par son humilite. Mais finablement a
la tressinguliere instance de mesdictz seigneurs de la ville
fut tolere et par ladicte maieste pratticque equallement auf
dictz illustres princes messeigñrs le Daulphin et duc Dor
leans. Si quil fut porte par dessus iceulx trois princes de/
puis la iusques ledict palais episcopal par quattre honora
bles gêtilz hômes vestus chascun de robbe et say de velour
auec pourpoint de satin noir qui estoient Henry de fornye es
cuyer dudict seigñur reuerendissime Jacques de longsart
Francois de crane et George desclaibes. Et procedoit ladi
cte maieste portât lespee imperialle ledict seigneur de bouf/

sur grant escuyer:laquelle maiefte fut conuoye par ladicte
belle proceffion iufques aupres de labbaye de fainct Au
bert ou elle fe reioindit auec la tefte de la proceffion affcauoir
des trois eglifes chanonialles q̃ font faincte croix/fainct Ge
ry et noftre dame eglife cathedralle qui fe protendoit illec
iufques le grand portal dicelle eglife noftre dame paffant
parmy et du long de la court dudict palais epifcopal. Et
eftoit a la porte dicelluy palais attendant illec receuoir ladi
cte maiefte ledict feigneur reuerendiffime en atours et af
focie comme deffus auec les archidiacres portant foy paf le
diacre / foubdiacre et douze que chanones que chappellains
de ladicte eglife.Et pareillement les huyct enfans de coeur
portans croix encens et eaue benoifte tous reueftus daorne
mens de drap dor.

Item procedant ladicte maiefte par et du long de
la rue fainct George qui eft longue/large
la plus belle de la ville et aornee de belles maifons/il auoit
oultre τ auec ledict luminaire au meillieu dicelle vng beau
et fumptueux arche triumphal faict de par les marchans
de fines toillettes/lequel arche eftoit aorne de verdures et
columpnes a lanticque/hiftoires et armoiries defdictz prin
ces/ plufieurs medailles et aultres diuerfes et riches pain
ctures auec les Carmes et ditiers foubz efcriptz. Et au
plus hault dudict arche eftoit eftablye en forme grande et
efleuee lymage de la faincte trinite pendant en lair mirific
quement.Et foubz les deux piedz de dieu le pere vng grant
aigle a dextre/vne falamandre a feneftre gectant feu natu
rel par la gheulle.Au deffoubz vng lion.Et plus bas fur le
ftaige de larche grand multitude des perfonnages vifz des
trois eftatz richement accouftrez qui portoient pour diuife
B ij

en billetz de grosse escripture adreschãt a ladicte saincte tri
nite ces motz asscauoir. Sub vmbra alarum tuarum prote
ge nos. Et entre iceulx estoient aulcuns beaulx ieunes filz
et filles qui lors que passoit par dessoubz ladicte arche ladi
cte maieste chantoient en beau doulx et armonieux contre/
poinct. O vera vnitas. Par dessus lequel estoit grant mul
titude des flambeaux alumez. Et aux pans dudict arche
estoient escriptz en beaulx tableaux faict a lanticque les
vers q̃ sensuyuẽt:asscauoir premier coste vers sainct Geor
ge au fronteau dudict arche en hault dessoubz lesdictz trois
animaulx.

¶ Hec aquila et salamandra leo sunt mystica regum
Symbola/que gentium cognato numine signant
Scilicet est sua cuiqz potens et regia virtus
Illa superuolat:hec flammas illesa perurit
Et leo vi grassatur et improbus omnia vincit.
       ¶ Et en bas au coste deptre de lentree.
Carole viue deum cuius tu viuis imago
    Vt deus in terris Carole viue deum
Quod facis adiutus celestis fomite flamme
    Perge nec indignum te quoqz finge deo.
       ¶ Et la meismes.
Hinc te consignat diuine gratia deptre
    Vnde locus paci iusticieqz datur
Que late in populos gentesqz refusa resarcit
    Non defecture sedus amicitie.
      ¶ Et au couste senestre.
Ergo nec immerito nos optime maxime Cesar
     Te cupimus longa prosperitate frui
Deinde qp eterne succedat laurea vite
    Vtqz quod optasti sit tibi vita deus.

¶ La meifmes.
O fortunatos quibus has bonus hortus oliuas
Protulit:vnda falus faluificuſq3 liquor
Quo permulfi omnes tantoq3 falubriter Vncti
Crifmate viuamus fuauiter incolumes.
¶ Audict arche de lautrepart affcauoir Vers fainct Ni
colas pres lymage de Cambro a Vng cofte.
Ille ego fum Cambro qui nunc in imagine viuo
Quo vixi teftatur opus nomenq3 relictum
Vrbi: que noftro nomen de nomine fecit
Hoc eft Camberacus Cameracū hec tpa dicunt.
¶ A lautre cofte.
Gratulor hoc Vnum q3 gloria creuerit Vrbi
Et Caroli quinti late imperiofa poteftas
Hanc illuftrarit fub hec Vltima fecula mundi
Quadragenus hic eft ter quingentefimus annus.

Dultre plus proceda ladicte maiefte et fa noble comitiue en lordre/ triumphe et ar-
roy que deffus depuis la iufques au marche paffant parde-
uant leglife fainct Nicolas ou eftoit Vng efchauffault fur
lequel fe mõftroit par perfonnages Vifz et bien en ordre lhi-
ftoire dont les Vers latins et fummaire Vulgaire qui fen-
fuyuent illec efcriptz en font declaration.
¶ Carlo francifcum iunrit cum Cefare regem
Nympha humiles animos et pia corda gerens
Amborum genuit pacem congreffus amicam
Inter Vtrumq3 fides lactat amicitiam.
¶ Dieu eternel qui tous bons coeurs infpire
Et Veult en fin les humbles exalter
A faict Venir laigle du fainct empire

Auec les lis pour mescreans dompter
On doit donc guerre en ce cas susciter
Paix entre eulx deux qui est chose admirable
Et son Vertu dexcellence alaicter
Amour/ que dieu doint estre perdurable.

¶ Peu plus oultre enuiron le meillieu de la rue des
liniers oultre lesdictes bailles et luminaires estoit estably
vng aultre eschauffault ou estoit la remōstrāce de la saicte
Manne aux enfans disrael/aussi par personnages vifz ri-
chemēt acoustrez et dexcellente contenāce. ¶ A lentree dudict marche estoit establie en hault survne belle et elegante
columpne de iaspe faicte a lanticquevne tresriche couronne
imperialle doz portant deux toises ou brachees douuerture
z haulte a laduenant faicte par les orseures de la citeza len
tour de laquelle estoient scituez par trois estaiges soixante
flambeaux de cyre/tous argentes ardans. Et la aupres con
tre le coing des deux grandes maisons estoient establiz de
par les barbieurs et chyrurgiens quatre vingtz et dix ba-
chins clers comme fin or ou estoient en chascun vne grosse
chandelle de cyre qui ensemble rendoient grande z merueil
leuse clarte par tout a lenuiron.

Et lors que ladicte imperialle maieste fut entree audict marche oultre et auec la bel
le resonnance desdictz trompettes y auoit au hault theatre
de la maison de la ville dicte la chābre de paix grande quā-
tite dinstrumentz que on dict clerons ou hault bois faisans
grande melodie. Et grand nombre des petiz enfans haulte-
ment crians a la mode italicque. Jmperio. Jmperio. Qui
rendoit ledict marche et toute la ville en delectable ioye et
armonye. Et estoit estably a lentree de ladicte maison et

Chãbre de paix vng beau et riche arche triumphal faict a
lanticque et aorne de riches painctures et gẽtillesses auec
chappeaulx de triumphe et armoiries desdictz maieste et
messieurs les Daulphin et duc Dorleans. Et du long du
ne belle et riche frize en dessoubz estoient escriptz ce 3 motz.
Orietur in diebus eius iusticia et abũdãtia pacis. Ps. lxxi.

En apres Au meillieu dudict marche auoit
vng tresgrand et sumptueux arche
triumphal hault et esleue parmy le pinacle qui estoit faict
en forme de pyramide de la haulteur de quatre lanches et
large pour passer cinq cheuaulx de front estably sur quatre
belles et puissantes columpnes a lanticque coulourees de
iaspe faict par les marchans de vin et tauerniers de ladicte
cite. Et par dessoubz lequel selon ladresse des bailles et lu
minaires passa ladicte maieste. Et estoient sur le bout des
dictes quatre columpnes quatre beaux manequins nudz et
bien estoffez tenant chascun vne vaisselle dargent en la
main: par le meillieu desquelles vaisselles sortoit vin blanc
et vermeil en grande habondance. Et tout a lentour riches
bordures et frizes faictes a lanticq aornees des chappeaulx
et pendicules de triumphe/ armoiries des princes/ fruictz/
fleurs et mille gentillesses. Et au bout dudict pinnacle vng
grand ꝛ gros aigle de sable a deux testes. Et tout a lentour
par hault estoient flambeaulx ardans en grãd nombre qui
le rendoient fort triumphant.

Item Vng peu plus auant sur ledict marche a
main dextre estoit vng autre bel arche sim
ple faict et tresbien painct a lanticque aorne de chappeaulx
de triumphe et armoiries desdictz princes auec force flam

Beaux a lenuiron/leq̃l arche estoit demonstratif dung boeu
gras et de tresgrand pris ayãt les cornes dorees. Et au mei
lieu du front les armes de la maieste qui quasi au dessoub
en aitre hault esleue et hastier propice/rotissoit tout entier
Et fourny de plus de dix mille claux de gyroffle qui rendoi
odeur tressouefue par tout ledict marche dont faisoient pre
sent a ladicte maieste les bouchers de ladicte uille. Et leq̃l
boeuf par lordonnance de icelle maieste fut au soir distribue
aux poures.

Peu plus oultre a lentree ̃ entre les deux
coingz de la rue des maiseaux
estoit encore ung tresriche beau grand et sumptueux thea
tre et arche triumphal de haulteur que dessus faict par les
marchans de draps de la uille/au sommet duquel estoit fi
guree tresrichement ma dame Union/laquelle tenoit par
une belle uache dargent/ensemble liees les armoiries de
ladicte maieste et dudict Roy treschrestien/ et dung coste et
dautre dicelles estoit escript.
Ecce quam bonum et quam iocundum habitare fratres in
unum. Et soubz les deux escutz en une belle frize ces motz
assauoir. Sub duobus his confederatis tremunt hostesuni
uersi orbis. Et par dessoubz estoit la forme du monde/au co
stez duq̃l estoit mys et applicque auec icelluy par ung beau
rebus sans lettres ceste signification assauoir.
¶ Le monde en paix regnera soubz ces deux.
¶ Soubz ledict mõde y auoit trois tabernacles fort beaux
ou estoient mises et posees/trois belles ieunes pucelles uif
ues/bien et richement acoustrees en estat de trois uertus
theologales assauoir FOY ESPERANCE ET
CHARITE ayans chascune ung billet par lequel di

soient /asscauoir.
                              Foy.
Hec vnio ad me tota tendit
                         Esperance.
Hec vnio spem omnem portendit
                         Charite
Hec vnio a me sola prodit.

¶Et au dessoubz estoit en vng grand tableau par escript
en rigme vulgaire le summaire et declaration de lhistoire
telle que sensuyt.

¶Par Charite qui seule feit Jesus
Naistre et souffrir mort pour nous rachepter
Ces deux princes pour pugnir tous mesvz
Contre la foy quon voit pericliter
Se sont vniz point il nen fault doubter
Donc Esperance auons de viure en paix
Par leurs moyens et pouoir meriter
Gloire auec eulx et sainctz cie ulx. A JAMAIS.
¶Lesquelz deux derniers motz sont la diuise dudict seignr
Reuerendissime.

¶Ceste belle porte ¿ arche passee /entra ladicte maieste en
ladicte rue des maiseaux qui estoit toute tendue par dessus
des verdures naturelles par lozenges come dict est /ou pen
doient par espace cinq riches chappeaux de triumphe enui
ronnans les armoiries desdictz princes. Et y auoit dung co
ste et dautre dicelle rue double rengz de flambeaux comme
dessus si sembloit vng paradis terrestre.

                                        C

Et procedant

Vers labbaye de sainct Aubert / auoit contre le mur alendroit du cloestier vng grand et treslong eschauffault ou par beau mistere de gens vifz et beau maintien se monstroit en sorte diuerse linuention et exaltation de la saincte Croix de Jesuchrist / qui estoit chose belle a veoir et deuote / au deuant duquel eschauffault pendoient en hault par bonne espace deux tres grandes et belles couronnes / lune Jmperialle / et lautre Royalle decorees chascune de plusieurs flambeaux ardãs.

Item

Au deuant de la porte de ladicte abbaye de sainct Aubert estoit de par monsieur Michel de francqueuille abbe dudict lieu faicte et esleuee vne fort riche et belle estature de quatre grosses et haultes columpnes espassees auec les trauers et grosses mosures en hault faictz a lanticque estoffez et enrichie des belles painctures / verdures et aultres gentillesses. Et du long sur le plus hault trauers auoit beau paysage cõme rochers ã mõtaignes ou estoiçt establis en chappeaux de triumphes / les escutz armoyez de riches painctures sur plõб assсavoir de ladicte maieste au meillieu qui estoit parmy sa couronne Jmperialle de la haulteur de demye lance et large a ladue nant adossee dune grande croix sainct Andrieu / a dextre de monsieur le Daulphin. Et a senestre de monsieur le duc Dorleans auec grande et copieuse multitude de fallotz ardans. Et sur le coing estoit comme vne deesse toute nue tenãt en sa main senestre vng fallot / et de la dextre abrachoit vne petite columpne par le bout de laquelle rendoit vin a grand foison. Et autour de ladicte columpne estoit escript la diuise de ladicte maieste asscauoir.

Plus oultre,

¶Et tout du long de la largeur en vne belle et large espa/
ce entre les deux molures estoient posees les ymages des
illustres princes ¢ princesses de la genealogie de ladicte ma
ieste depuis le duc Loys de Bourgongne/en ordre cotinuel
le iusques a ladicte maieste en figure des riches painctures
¢ pourtraictz comme on dict apres le vif. Et y auoit aupres
escript en grosses lettres les carmes que ensuyuent.

¶Si tua nunc Varie plaudit gens pacis amatrix
    federa ꝙ iungas Carole cause subest
Imperium in turcas tu Carole viribus auges
    floret et inuictum legibus imperium.

¶Et de lautre part pres de leglise dudict sainct Aubert
estoit vng feu tresgrand alume. Et la tourelle de lhostel de
monsieur le seelleur de Cambray par hault tout enuiron/
ne de lucernes a la romanisque qui rendoiet ensemble grãd
splendeur parmy toute la grand place prochaine.

Item Ayant ce passe ladicte maieste arriua a la
    porte du palais episcopal ou auoit vng tref
riche et beau arche triumphal et de treshault estage/ aorne
des armes imperialles/chappeaulx de triumphes/painctu
res dantiquitez ¢ sumptueuses gentillesses. Au hault duql
auoit vng tabernacle fort beau ou estoient les chantres du/
dict seigneur Reuerendissime qui chantoient melodieuse/
ment chantz et motetz de musieque/faictz ¢ composez a lhõ
neur de la maieste ¢ vnion desdictz princes/ et signamment

C ij

Ung motet dexcellente musicque/compose par maistre Je=
han courtois maistre de la chappelle dudict seigneur Reue=
rēdissime. Et tout le mur dung et dautre coste de ladicte en=
tree estoit tendu de riches tapisserize de haulte liche que de
nouuel et pour ledict triumphe auoit faict faire ledict sei=
gneur Reuerendissime / contenant pour histoire la cite de
Cambray et pays a lenuiron : auec vne chasse de cerf la ou
les dictes Cite/pays et plusieurs des escuyers et seruiteurs
domesticques dudict seigneur Reuerendissime es faces des
veneurs sont tresbien pourtraictz apres le vifz. Et du long
de la sommite dudict mur estoient posees par belle espa=
ces quatre vertus: Assauoir.

   Foy. Esperance. Justice. Charite.
C Soubz lesquelles du long dune belle frize estoiēt les vers
qui sensuyuēt adreschans les motz auec leurs significatiōs
respectiuement a chascune dicelles.
C Quattuor ecce deas quibus est pro nomine virtus
  Que tecum fedus Cesar inire volunt
Prima parens/nutrix est altera/tertia ductrix
  Quarta decus sed eris Carole pacis amor.

C Et dessus et au dessoubz ledict tabernacle estoiēt escriptz
en belle lettre Rōmaine les vers qui sensuyuent.
C Que gens in toto non profert gaudia mundo
  Sentit vbi numen cesar adesse tuum:
Te satium excepit Germania Gallia/Roma
  Gestit et vrbs pacis dicere: Cesar aue.
   C Et en bas oudict arche.
C Iunxerat inuictum cum marte astrea mineruam
  Vt foret inuictum cesare imperium

At tua cesar erat victoria querere pacem
Vnde pater pacis diceris et patrie.
Ibidem.
Aurea cp cursum rediit mortalibus etas
Hoc tibi debetur carole diue decus
Et licet augustus tamen hoc augustior es:cp
Viribus augustum feceris imperium
Maior et imperio laus est omniqz triumpho
Quod submisisti legibus imperium.

Et par dessus ledict arche et tout alentour par
diuers estages estoient establis flam
beaux en grand nombre/ dessoubz lequel arche estoit come
dict est ledict seigneur Reuerendissime acompaigne de la
dicte noble procession ensemble reioincte et soy protendant
depuis ledict sainct Aubert iusques le grant portal de le
glise soubz le clocher en la court dudict palais en habitz et
aornemens pontificalz z associez comme dict est/lequel illec
grerent ladicte maieste en conuenable reuerence luy presen
tant osculation de la vraye croix auec eaue benoiste et ences
laquelle maieste a laborder Incontinet sortant de dessoubz
le pas le se mist a pied et recepuat lesdictz dignes presens en
semblable reuerece acompaignie des susdictz princes dillec
proceda entrant en leglise parmy ledict palais iusques au
cœur et deuant le grand autel de ladicte eglise de Cam
bray precedans lesdictz seigneur Reuerendissime et aul
tres prelatz.

Sy est A entendre que dudict palais ou estoit
logis prepare pour sa maieste ses por

taulx et entrees par dedans sur la court iusques a quatre
parmy le portal montant dillec en legglise estoient richemét
aornez et decorez comme sensuyt Asscauoir sur lentree de la
porte.et montee de la grand salle auec les armoiries de sa
maieste enuironnees des chappeaulx de triumphe estoient
posers en hault les ymages de Adam et Eue de vifue pain
cture et tresgrande stature esleuees.Et y auoit au dessoubz
escriptz ces vers.

O fortunatos et terqz quaterqz beatos
Cognito et eterno contunctos federe reges
Quis spectare datur nullis miracula secls
Sub quorum imperio totus mutabitur orbis

Et en hault au meillieu du pan du grand z noeuf ediffi
ce dubit palais estoit de nouuel mise z posee lymdge de sein
pereur en riche taille de pierre esleuee et de grande stature.
Et sur le portal au dessoubz estoit escript.

Dirarqz turcarum delebitur ense tyrannis
Finis erit certus debellatriqz superbis
Et tandem infantis quorundam erroribus de vi
Una reget toto constans concordia mundo.

Item sur le portal et entree des degrez de la
galerie auec armoiries.

Sunt diuina quidem que tu facis omnia cesar
Quis te igitur sanctum numen habere neget
Cesare sub domino pietas astreaqz terris
Ceperunt sedes rursus habere suas.

Et au dessus du portal de ladicte eglise (dont les
degrez estoient de nouueau bien reparez)

estoient contre les pilliers et archures applicquees belles et
riches costumnes/chapiteaulx de triumphe et pendicules a
lanticque de fleurs/fruictz et verdures naturelles enrichis
de belles dor et de soye les armoiries a scauoir du papat au
plus hault/peu plus bas de la maieste z a dextre et seneltre
de messieurs le Daulphin et duc Dorleans. En apres de la
dicte eglise et en dessoubz celles de la contee datkost auec
ques ses motz. Tutori ecclesie perpetuo. A cause de
laquelle contee ladicte maieste est conseruatresse de icelle ca
thedrale et aultres eglises du pays de Cambresis. Et en
air enuiron le meillieu dudict portal entre deux grandes z
belles femmes a lanticque tenat chascune vne torche estoiet
escriptz les vers qui sensuyuent.
Diuite concordes eterno federe diui
Aurea quos iunxit post fera bella quies.

Ladicte eglise par dedans estoit decoree come
sensieult asscauoir en la nef dung co
ste et daultre estoient fiches et assis sur estages propres a ce
faictz en hault cent flambeaux ardans trois couronnes de
fer ordinaires portant chascune cinquante cierges sans les
cierges des grandes et sumptueuses ymages z estans aussi
le dopal ou pulpite qui est tresriche et de fin cuiure estoit de
core par et en diuers estages de bien quatre vingtz cierges
Et trois chappeaux de triumphe tresgrans espacez par la
dicte nef ou estoiet dune part z daultre richement painctes
les armoiries desdictz deux princes respectiuement.

Item Au meillieu du coeur vne couronne chap
peau et armoirie comme dessus et es deux

croisees deux aultres couronnes auec les cierges de lenui
ron dudict coeur et aultres lieux ordinaires. Si que de lu
minaire de cyre en ladicte eglise estoient que cierges q̃ flam
beaux iusques au nombre de neuf centz qui estoit tresriche
et noble chose a veoit.

Ledict coeur estoit dung coste et daultre par des
sus les formes et en plusieurs lieux ail
leurs pare des drapz dor. Et le grand autel des riches et
sumptueux paremens et reliquiaires ordinaires qui sont
tresmagnificques et de grande dignite et estimation.

Deuant lequel grand autel par dessus les
haulx degrez estoit prepare au meil
lieu vng tresriche oratoire auec tapis repositoires et qua
reaux de draps dor et velours cramoisy pour ladicte maie
ste. Et mesdictz seigneurs le Daulphin et duc Dorleans.
Et en dessoubz dune part et daultre bancz pareillement cou
uers et aornez de riches tapis et quatreaux de drap dor et ve
lour pour aultres princes/prelatz et seigneurs inferieurs.

Tantost ladicte maieste a messieurs le Daul
phin et duc Dorleans auec leurdict
noble comitiue arriuez deuant ledict autel feirent humble
ment la reuerence au sainct sacrement. Et ce pendant se cõ
menca a chanter melodieusemẽt par les chantres qui estoiẽt
sur le pulpite iusques au nõbre de.lxx.chymne. Te deum
laudamus. Et tost apres soy retournans a ladicte maieste
vindrent faire la reuerence audict coeur messeigneurs les
archidiacres de Cambresis et haynault. Et maistre Gery

basicque docteur en theologie chanones de ladicte eglise de
la part dicelle faisans par lorgane dudict basicque a icelle
maieste et ausdictz princes de france humble et succinte ha
rengue et recommandation dont meriterent gratieuse respon
se. Et lors estoient toutes les formes haultes et basses deco
rees et remplis de messieurs les chanones, desdictz trois egli
ses chanoniasses aornez comme dessus.

Puis ladicte maieste se retira parmy ladicte egli
se audict palais episcopal ou luy estoit pre
pare logis tant sumptueux q̃ metueilles auec lictz de chãp
buffetz de vaisselles et tapisseries plus riches que cest au
cteur ne scauroit exprimer ains telz que on peult bien esti
mer que ledict seigneur Reuerendissime de tout son pouoir
auoit preordonne.

Et lesdictz princes messieurs le Daulphin
etduc Dorleans se retirerent sem
blablemẽt apres conge prins de ladicte maieste a sainct Au
bert lieu aussi tresexcellent a eulx prepare.

Ensemble et tous aultres princes prelatz et
seigneurs inferieurs chascun en
son logis on furent tous bien et agreablemẽt receuz et trai
tes. Mesmes ledict seigneur Reuerendissime se retira au
sien lors qui estoit lhostel de monsieur le doyen de Cam
bray. Deuant lequel en la grande place de nostre dame estoit
erctte ι allume ung feu grãt ι de belle quarrure de la haul
teur de trois lanches ι large aladuenant. Et a lenuiron sur
xxbiii. ou xxix. estages espachees autant des tonneaux de

D

feu qui rendoient lumiere inestimable iusques aux nues e
par tout a lentour. Et vng eschauffault auprez sur lequel
iusques a lheure de mynuict se faisoient ieux/farses et aul
tres belles ioyeusetez esquelles affluoit quasi tout le peuple
de Cambray et des villes a lenuiron qui lors estoient au
dict Cambray. Et lors soubit pour resueiller ledict popu
laire et des tous lieux circonuoisins en ioye et collaudation
desdictz princes fut defferte en vng momẽt plus de cent pie
ces dartilleries de toute sorte au chasteau dicelle ville quon
dict de Selles.

Et pour entendre le traictement faict a ladi
cte maieste et princes susditz en ladi
cte cite bien huyt iours parauant ceste entree furent(oultre
et auec lesditz logis de la maieste ⁊ messieurs le daulphin ⁊
duc Dorleans)preparez autres logis iusques a cent es mai
sons a lesuite plus sumptueuses de la ville aornez de tapisse
ries/vaisselles et autres richesses. Pour autant des princi
paulx seigneurs dung et dautre coste. Et le tout deffroye p̃
ledit seigneur reuerendissime et la ville.

Le lendemain qui fust mercredy xxvi
dudit moys de Janvier
iour fort beau/cler ⁊ serein sur les neuf heures du matin vin
drent lesdictes maieste et princes de france auec leur noble
comitiue oyr la messe a ladicte eglise cathedrale/⁊ iceulx ar
riuez au coeur deuãt le grãt autel ou a dextre sur les haulx
degrez estoit prepare vng tresriche oratoire cõme dit est. La
dicte maieste voullant par sa benignite deferer a mesditz sei
gneurs le Daulphin et duc Dorleans estimant et demon

strant tousiours lesditz/ honneurs preparatoires et recoeul
vouloir estre faictz et participez a iceulx princes côme a luy
egalement/reffusa entrer audit oratoire ains demoura au
dehors. Et aupres de luy lesditz deux princes ausquelz tantost furent rapportez ꝛ presentez les quarreaulx de drap dor
dudit oratoire. Et ce pendant q̃ par mõsieur labbe de sainct
Aubert dessus nomme premier chappellain dudit seigneur
Reuerendissime se celebroit la messe oudict grant autel/ les
chantres de la chappelle dudit seignr Reuerendissime estâs
sur le pulpite en hault en grand nombre et grosse melodie
chantoient le susdict motet de Courtois dont les motz sensuyuent auec la musicque notee.

Enite populi terre venite populi ter re venite pop
li terre et videte opera dei exultate gaudio et leti
a et leti cia quis fecit deus prodigia sua maga
auferes bella vsque ad finem ter re vsq3 ad finem ters
Enite populi terre Uenite populi ter re et
dete opera de i exultate gaudio et leti cis exulta
gaudio et leticia quis fecit deus prodigia
a magna auferes bella vsque ad finem ij

Enite populi terre
Uenite popu¬
li terre et videte opera   de   i exultate gaudio et leti   cia
exultate gaudio et leti   cia   et letici   a   quia fecit   de¬
us prodigia su   a magna   suferes bella   vsque ad finem   ter¬
Enite populi terre   Uenite populi terre   et videte opera de¬
i   exultate gaudio   exultate gaudio et leti   cia   et leti¬
cia quia fecit   deus   prodigia su   a magna suferes bella
Uerte
vsque ad finem   ter¬

re ecce principes terre couenerut in vnum
et ciuitas pacis cu duce suo
cum duce suo incedit obuiam eis.
Scda pars.
Iuuenes et virg
nes senes cu iu niozi bus iuuenes et virgines senes
cu iun
oribus cantate canticu no uum ij no
re ecce principes terre couenerut in vnum ij et
ciuitas pacis cu duce suo ij incedit ob uiam eis
Iuuenes et virgines senes cu iuniozi bus iuuenes et virgines senes cu
iunio ribus cantate canticum nouu caticum no. Uerte.

re ecce principes terre couenerūt in vnum couenerunt in vnum et ciuitas pacis cū
duce suo cū duce suo incedit ob uiam eis eis.
Uuenes et virgines senes cū iunioribus ū cum
iunio ribus cantate canticum nouum canta te canticū no
re ecce principes terre couenerūt in vnum in v num et ciuitas pacis cum
duce suo cū duce suo incedit obuiam eis incedit obuiam eis.
Uuenes et virgines senes cū iuniori bus ū
cantate can ticū no

uum pfallite in iubilati o ne Aue Cefar aue maiefta
facra plena eft terra gloria tua gloria tu a benedicta acta de
i in fe cu la benedicta acta vei in fe cu
la Amen amen.
uum pfallite in iubilatio ne in iubila tione Aue Cefar aue
maieftas facra plena eft terra gloria tua gloria tu a benedicta acta vei
in fe cula benedicta acta vei in fe cula Amen
amen.

oum pfallite in iubilatio ne in iubilatione Aue Cefar aue maieftas
facra plena eft terra glozia tua ij benedicta acta de i in
fe cula benedicta acta de i in fe cula Amen
a
men.
oum pfallite in iubilatio ne in iubilatione Aue Cefar aue maieftas fa
cra plena eft terra glozia tua benedicta acta dei in fecula in fe
cula be nedicta acta dei in fecula in fe cula
Amen amen.

Incontinent

apres lequel finy/les vicaires/chantres de ladicte eglise qui estoiět.xxxiiii.en nombre/ estans en bas oudit coeur chanterent a lhonneur de la glorieuse vierge Marie Le motet Assauoir.Preter rerum seriem zc.Et leuangile chantee/ledict seigneur Reueredissime estant en soupplis z rochet de coste dudict autel print la texte et treſceuerěment le presenta a ladicte maieste/et en apres a messieurs le daulphin et consequemment au duc Dorleans/lesquelz par leur benignite et courtoisie feirent quelque difficulte le receuoir voullans la singularite estre deferee a ladicte maieste. Neāt moins a la tresgrande instance dicelle/le recenrent semblablement. Et pareillement fut faict de la paix/ aux Agnus dei. Et ladicte messe finye lesditz maieste et princes allerent disner en brief/ puis acōpaignez oultre ceulx que dessus de plusieurs grans maistres et seigneurs ensemble de grant nombre des archiers de la garde de ladicte maieste ǧ estoiět venuz au deuant/partirent pour aller au giste a Vallenchiennes.Et passant par le marche] de Cambray furent faictes resonances et melodies de trompettes z jnstrumens comme dessus en ladicte maison de la ville et chambre de paix.

Depuis

Assauoir le samedy .xxiiiie. dudict moys mesditz seigneurs le daulphin et duc Dorleans apres auoir estela Vallenchiennes receuz (comme on dict)fort honnorablement retournerent en ladicte cite de Cambray.Et les acompaignerent z reaconuoyerent les susditz duc Daerschot/duc Dalue 'conte de Lalaing le seigneur de Prat cheualiers de lordre du toison et le seigňr de Courridoes cappitaine des archiers de ladicte mai

iesse et bien deux cens diceulx tous habillez de noir/ad cause de doeul/et plusieurs aultres seigneurs de la chambre du-
ladicte maieste/tous puissamment montez et richement ac-
coustrez.Et alla au deuant ledict seigneur Reuerendissime
iusques vne lieue a grande et honnorable compaignie tant
de gentilz hommes que gés de robbes longues.Et a lappro-
cher de ladicte cite/furent saluez de plus de cét pieces dartil
lerie desserreez en vng moment au chasteau de Selles comme dessus. Sy arriuerent audict Cambray enuiron le cinq
heures du soir.Et furent lesditz deux princes.Assauoir messieurs le Daulphin z duc Dorleans celle nuyct logez au palais episcopal Et tous autres en leurs logis et traictez comme parauant.

Item le lendemain/assauoir le dimenche.xxve.du-
dict moys/ enuiron les.ix.heures du matin
vindrét lesdictz seigneurs le Daulphin et duc Dorleans ac-
compaignez cóme dessus a la messe en ladicte eglise de Cã-
bray laqlle fut celebree au grant autel par vng de leurs aul-
moniers.Et durant icelle furent ensemble ou susdict oratoi-
re.Apres laquelle messe finye/ et eulx sortiz dudict oratoire
vindrent faire la reuerence messieurs les archidiacres dicelle eglise et le docteur Balicque chanones dicelle eglise/auec
toute humble recommendation que lesditz prindrent de bonne part/donnant responce tresgracieuse.

Puis incótinent eulx retirez audict palays episcopal monterent a cheual et partirent de la
dicte cite de Cambray/retirans vers france.Et furent con-
uoyez par ledict seigneur Reuerendissime z tous les autres

grans maistres et seigneurs dessus nomr̄ez auec leur com
paignie comme dit est au retour de Vaslenchiennes en tres
Galle ordre iusques Ung grand quart de lieue hors de ladicte
cite. La ou apres tous Gōs et amyables congez prins mesditz
seigneurs le Daulpḡin et duc Dorleans prindrent la poste.

A tant faisant fin a nostredicte entree / prierons
dieu nostre createur et redempteur / que p
la grace de son sainct esperit Veulle maintenir lesditz maies
ste imperiasse / le roy treschrestien ⁊ ses enfans en Gōne paix
et amytie au salut et pacification de la chrestiente / abolition
de tous erreurs et ennemys de la foy catholicque.

¶ Amen.